# El reino animal

**BLUME**

Título original *Animal Kingdom*

**Traducción** Remedios Diéguez Diéguez
**Coordinación de la edición en lengua española**
Cristina Rodríguez Fischer

*Primera edición en lengua española 2015*
*Reimpresión 2015, 2016 (4)*
*Nueva edición 2022*
*Reimpresión 2023*

© 2022 Naturart, S.A. Editado por BLUME
© 2015 Art Blume, S.L.
Carrer de les Alberes, 52, 2º
08017 Vallvidrera, Barcelona
Tel. 93 205 40 00 Fax 93 205 14 41
e-mail: info@blume.net
© 2014 Batsford, Londres
© 2022 B.T. Batsford Holdings Limited, Londres
© 2014 de las ilustraciones Millie Marotta

ISBN: 978-84-19094-02-5

Impreso en China

WWW.BLUME.NET

MIXTO
Papel procedente de
fuentes responsables
FSC® C169965

# Millie Marotta

# El reino animal

una aventura para colorear

**BLUME**

# Introducción

Me crié en una granja del oeste de Gales, y diría que fue allí donde comenzó mi obsesión por la flora y la fauna. Todos aquellos años en el campo, en comunión con la naturaleza, cimentaron con firmeza mi fascinación por el mundo natural. Mis pasatiempos favoritos consistían en dibujar, pintar (y ensuciar bastante) y jugar al aire libre con cualquiera de las diversas mascotas de la familia. Imagine mi alegría cuando, años más tarde, descubrí que podía estudiar al mismo tiempo la vida natural y la ilustración, que es exactamente lo que hice. Ahora, cuando echo la vista atrás, pienso que mi camino ya estaba trazado de algún modo, aunque por entonces no lo sabía.

Siempre me han asombrado los animales en todas sus maravillosas formas: desde los diminutos insectos que se mueven lentamente bajo las hojas del jardín hasta las sofisticadas aves del paraíso que habitan en las selvas tropicales. El cautivador encanto del mundo natural me lleva a dibujar animales una y otra vez: la gama de maravillas visuales es extraordinaria.

Este libro reúne una fascinante colección de peces, aves, mamíferos, reptiles, invertebrados y anfibios. Aunque se trata, básicamente, de un libro de animales, en estas páginas también encontrará plantas, árboles y flores. Y entre ellas descubrirá algún que otro insecto. Además, se incluyen algunos textos para guiarle, sugerencias sobre qué puede añadir y cómo hacerlo. He aquí una celebración del reino animal, pero también un libro para colorear y dibujar, esperando a que dé rienda suelta a su imaginación.

Mis ilustraciones comienzan casi siempre como dibujos bastante sencillos, pero realistas, de la criatura en cuestión. La forma general del animal es relativamente fiel a la real, pero después la elaboro con adornos y detalles complejos.

Todos los dibujos de este libro son en blanco y negro. Puede dejar algunos así y colorear otros. Algunas ilustraciones le empujarán a añadir sus propios motivos y texturas. Usted decide. Algunos de los dibujos presentan zonas vacías para que las adorne como le apetezca. Puede optar por no añadir ningún color y simplemente realizar algunos garabatos para adornar el animal, o bien por dibujar hábitats fantásticos para los diferentes animales. Todos los dibujos de este libro han sido creados con un Rotring Rapidograph, una pluma de alta precisión que utilizo en casi todos mis trabajos. Para añadir los detalles, puede usar el rotulador que desee. Cuanto más fino sea, más detalles podrá plasmar.

Para añadir color, sugiero que utilice lápices de colores en lugar de rotuladores, ya que son más versátiles y permiten mezclar diferentes tonos y crear sombras. Es posible que algunas partes de determinados dibujos le resulten demasiado detalladas para colorear cada una de las secciones más pequeñas; en esos casos, si lo desea, puede limitarse a colorear por encima de esas zonas para que las texturas y los motivos desaparezcan entre los colores.

Al final del libro encontrará algunas páginas en blanco esperando a que les dé vida. Puede intentar copiar algunas de las ilustraciones del libro, o bien dibujar sus propias creaciones. Con independencia de lo que decida plasmar en esas páginas, están ahí para que las llene con su propio reino animal. Lo importante es que aunque las ilustraciones de las que se parte son mías, cuando llegue al final serán completamente suyas, personales y únicas.

Millie Marotta

Al majestuoso elefante asiático le gusta llamar la atención. Dibuje algunas formas decorativas y botánicas en el abdomen.

Coloree el mapache.

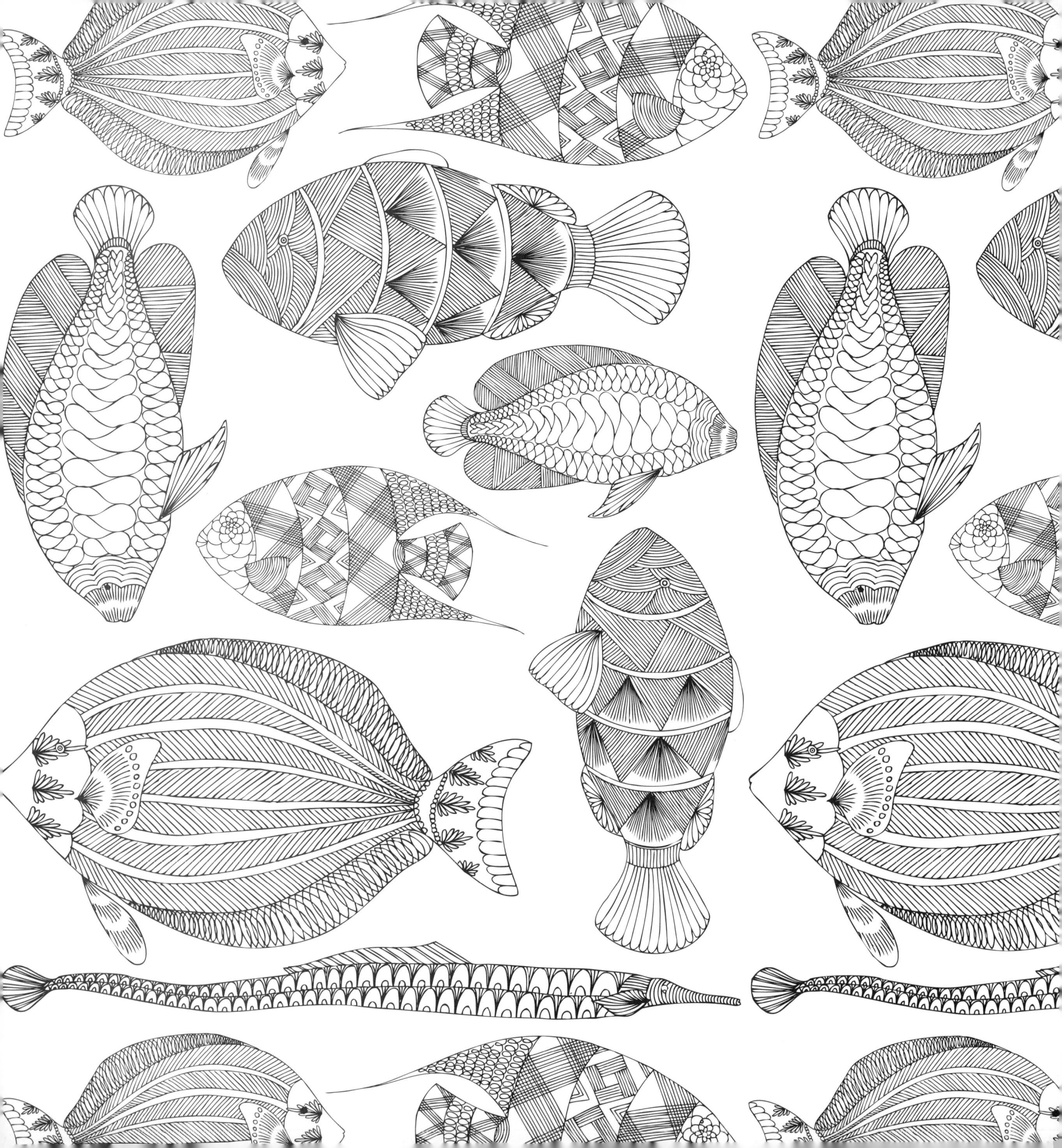

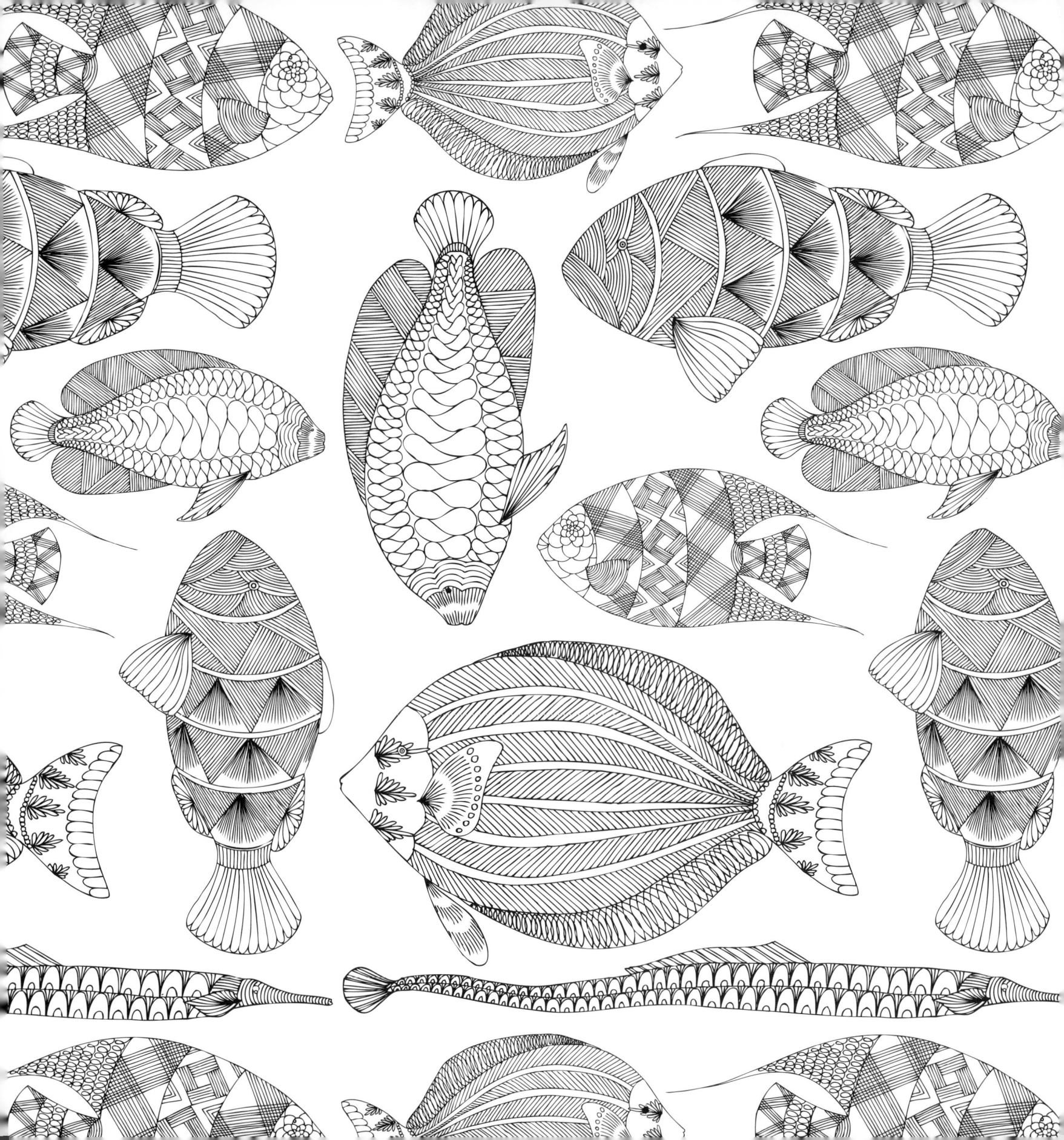

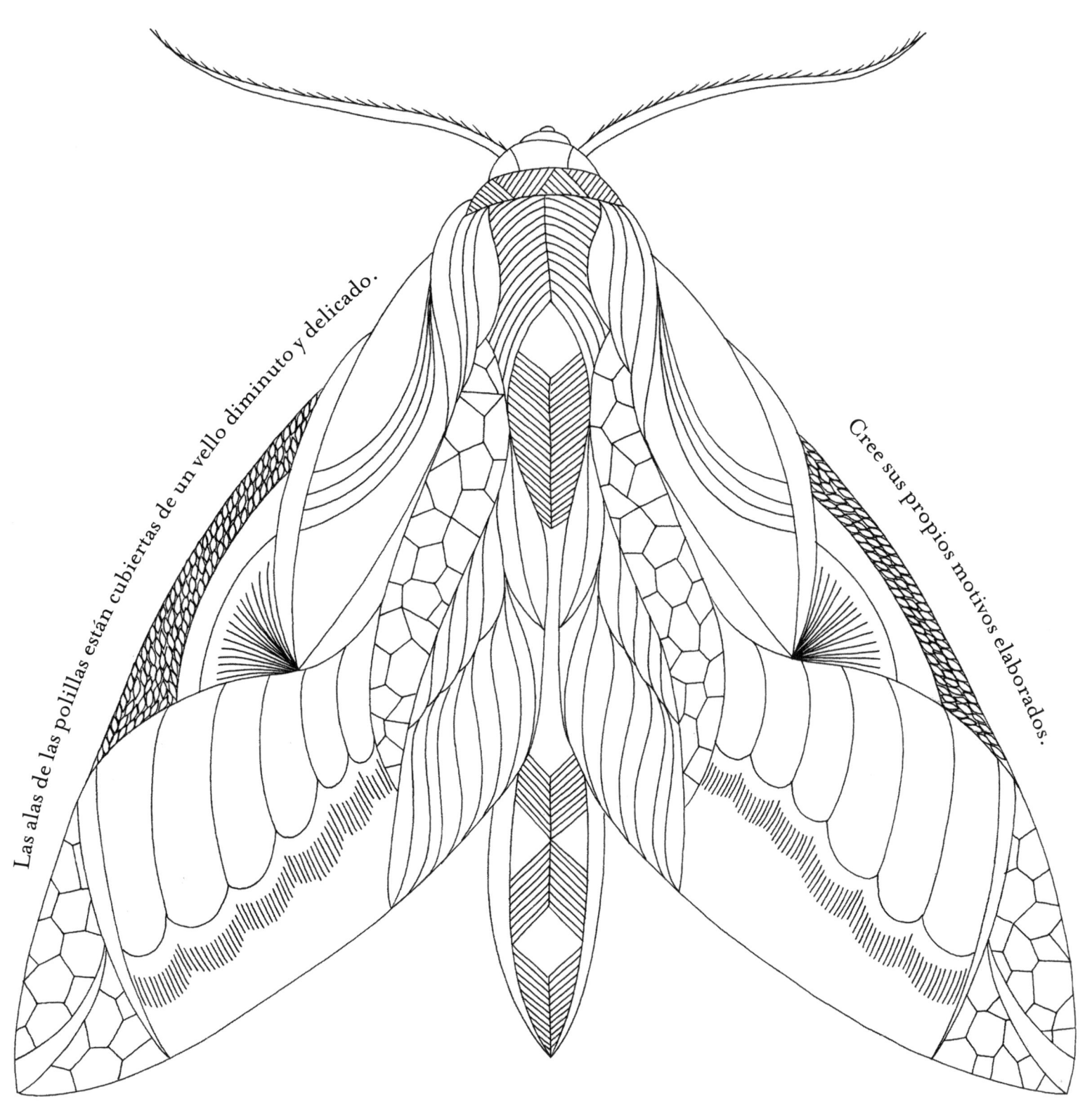

Las alas de las polillas están cubiertas de un vello diminuto y delicado.

Cree sus propios motivos elaborados.

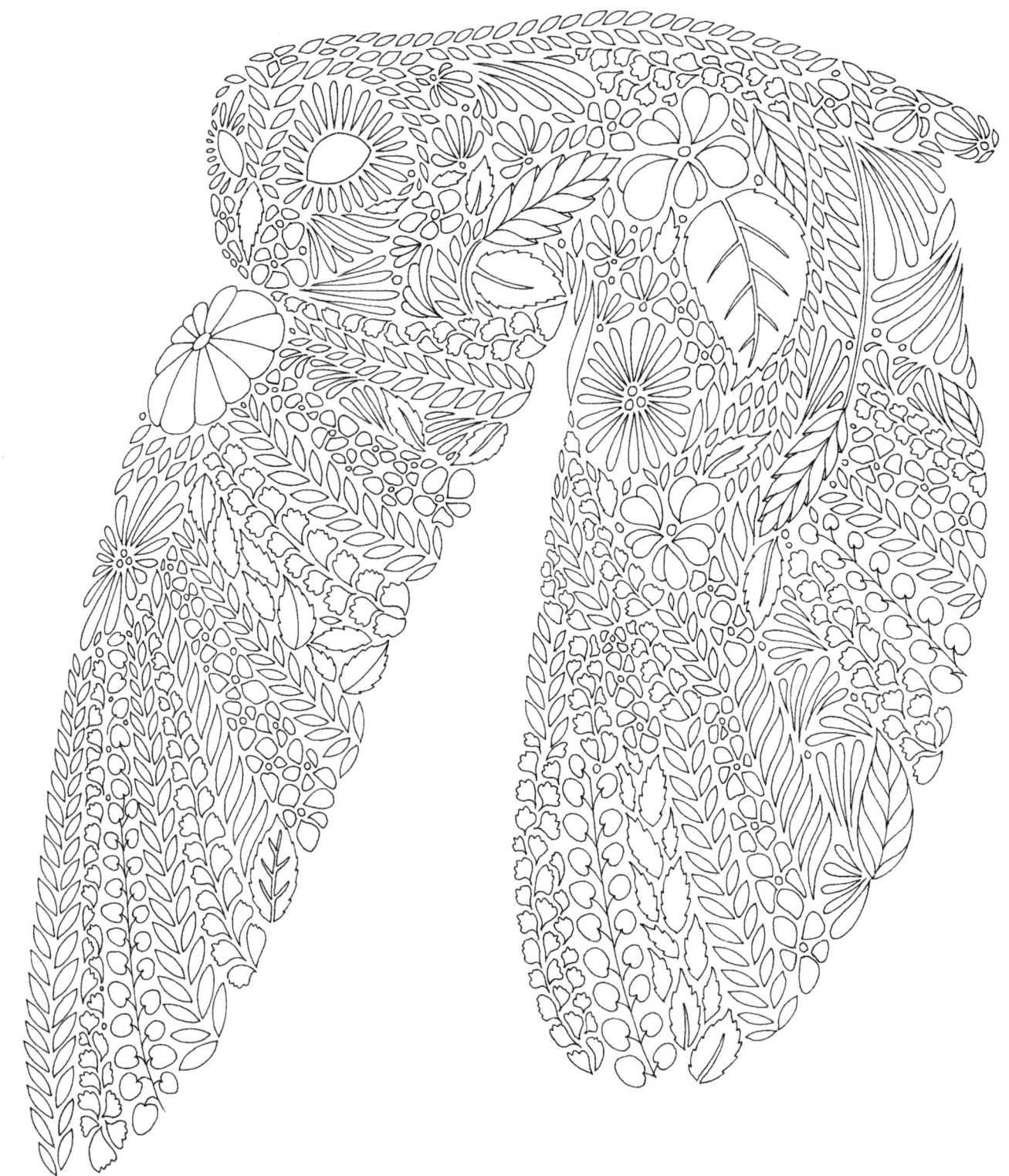

El gallo es muy presumido.

Adorne su elaborado plumaje.

Lenta, pero segura, acaba ganando la carrera. Tómese su tiempo para decorar el caparazón de la tortuga.

El reino animal también está presente en las profundidades del océano.

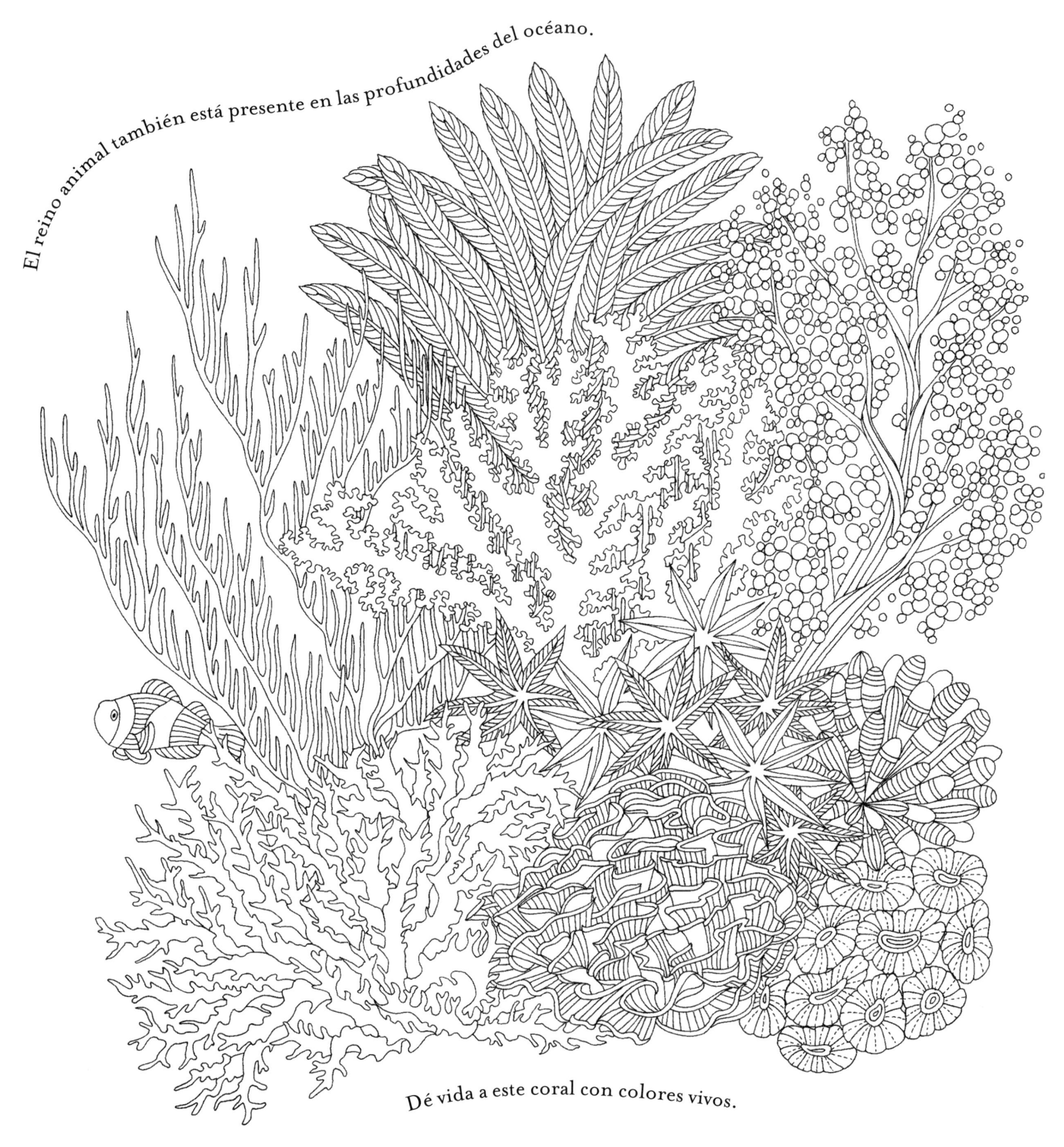

Dé vida a este coral con colores vivos.

Llene los árboles de hojas y aves.

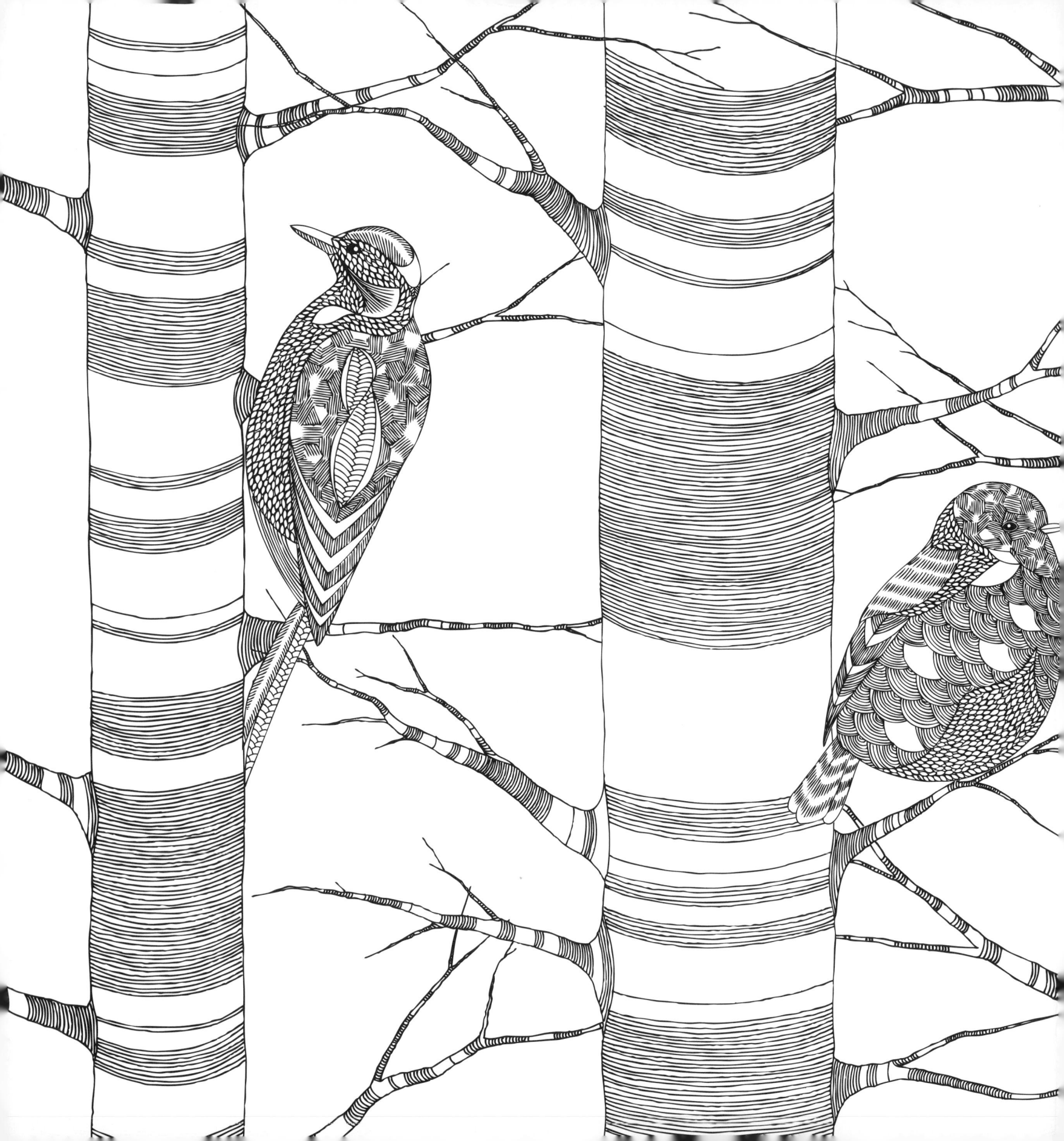

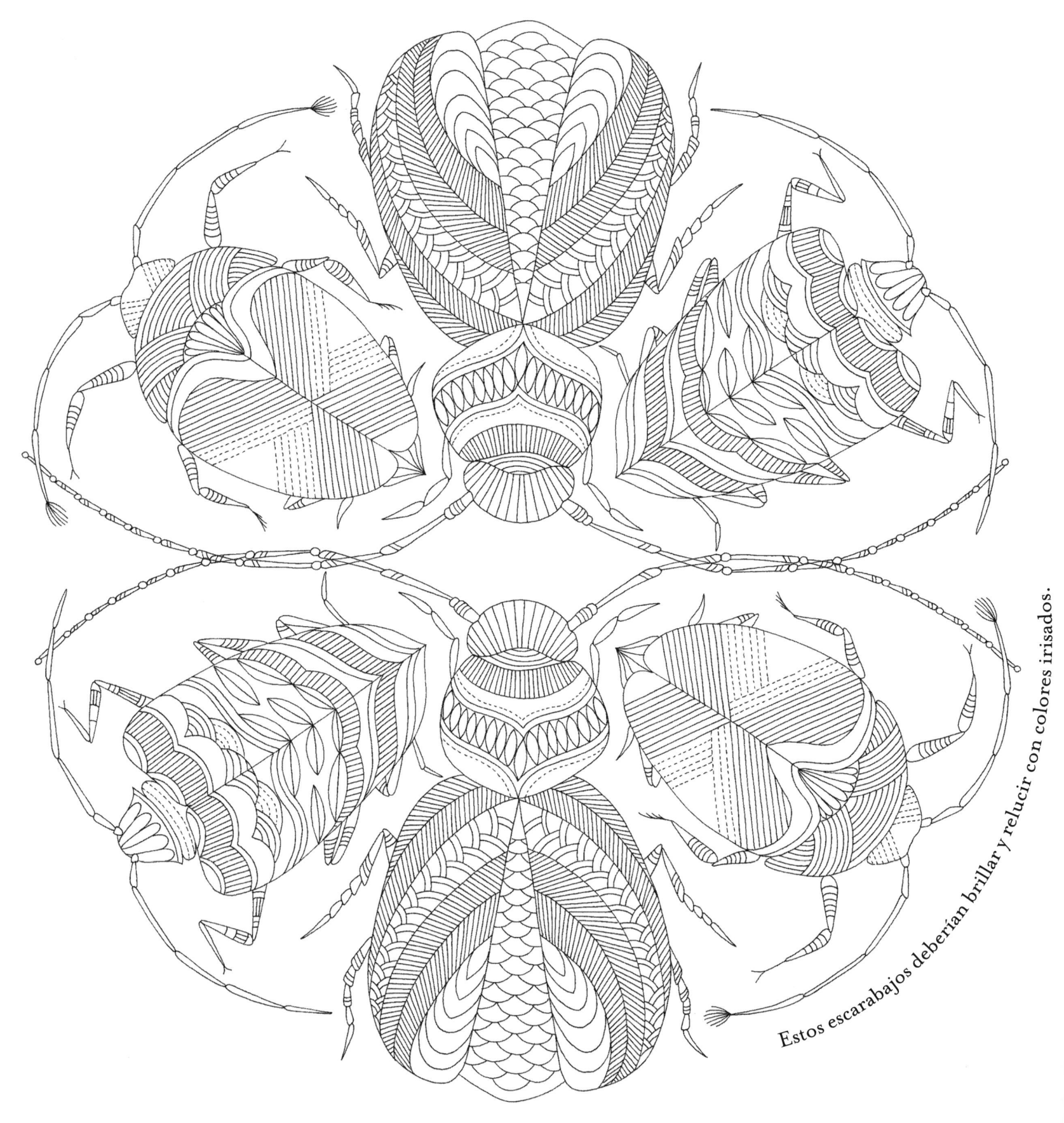

Estos escarabajos deberían brillar y relucir con colores irisados.

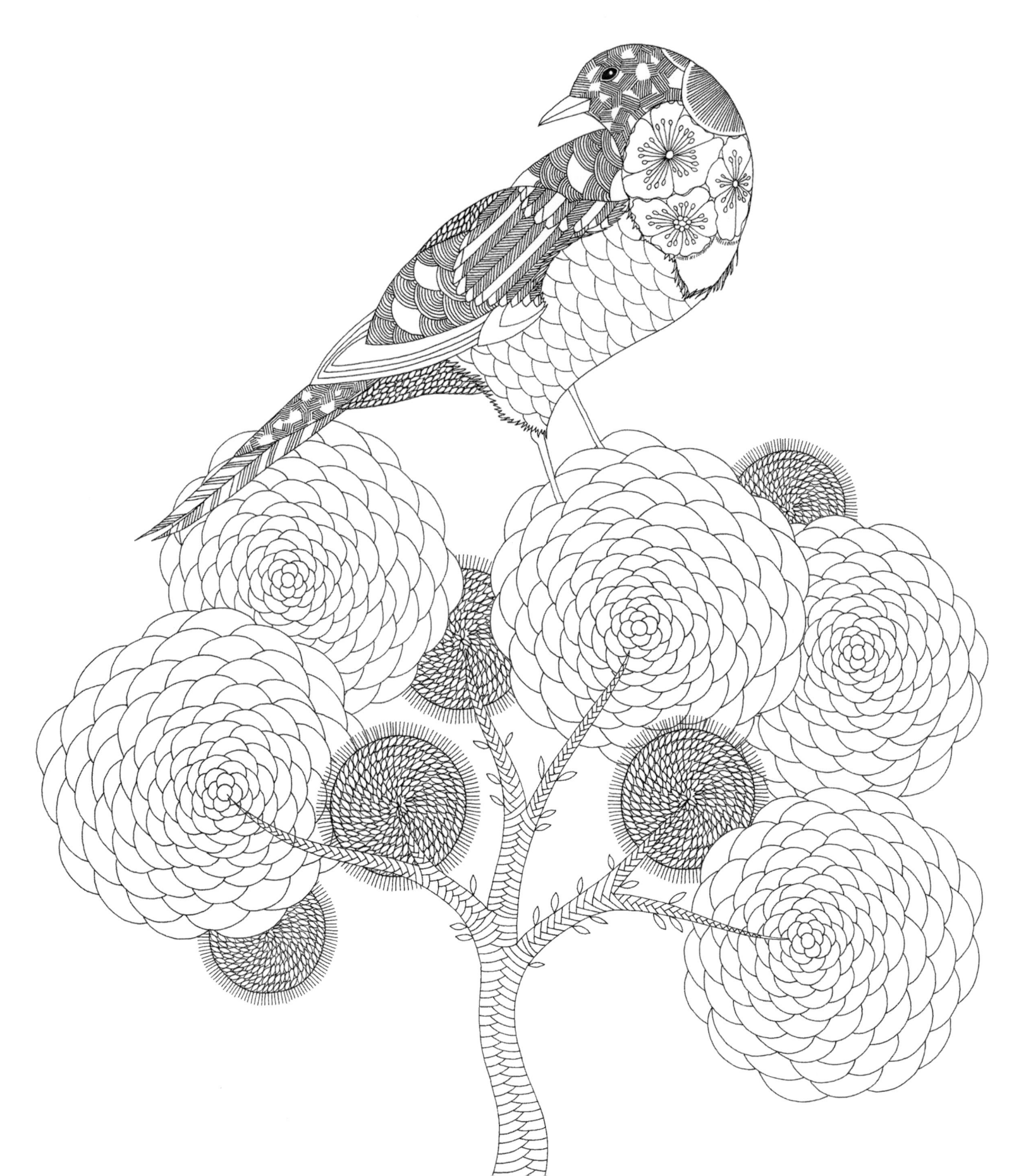

Los leones marinos mudan el pelo cada año. ¿Puede dibujarle un pelaje completamente nuevo?

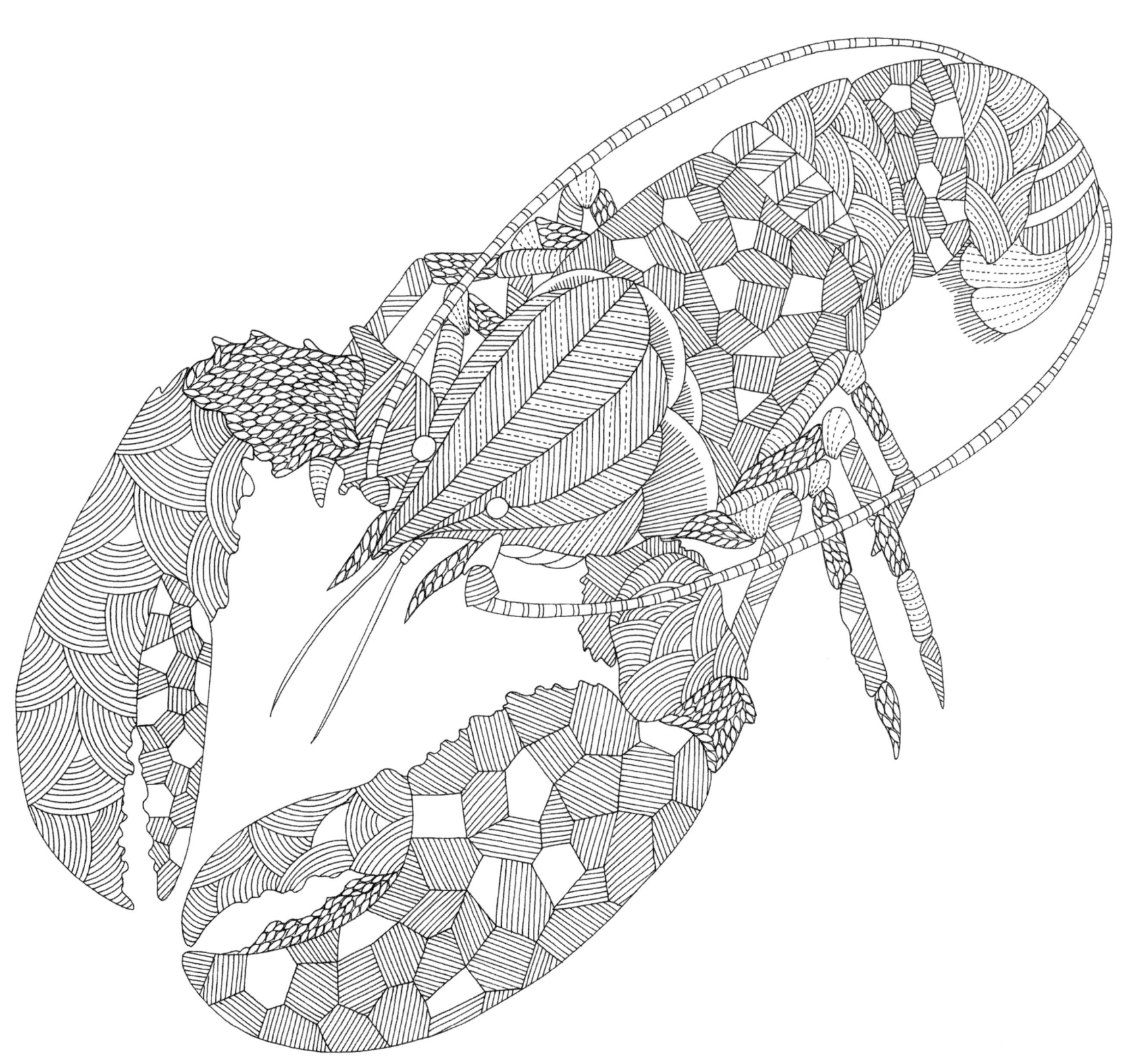

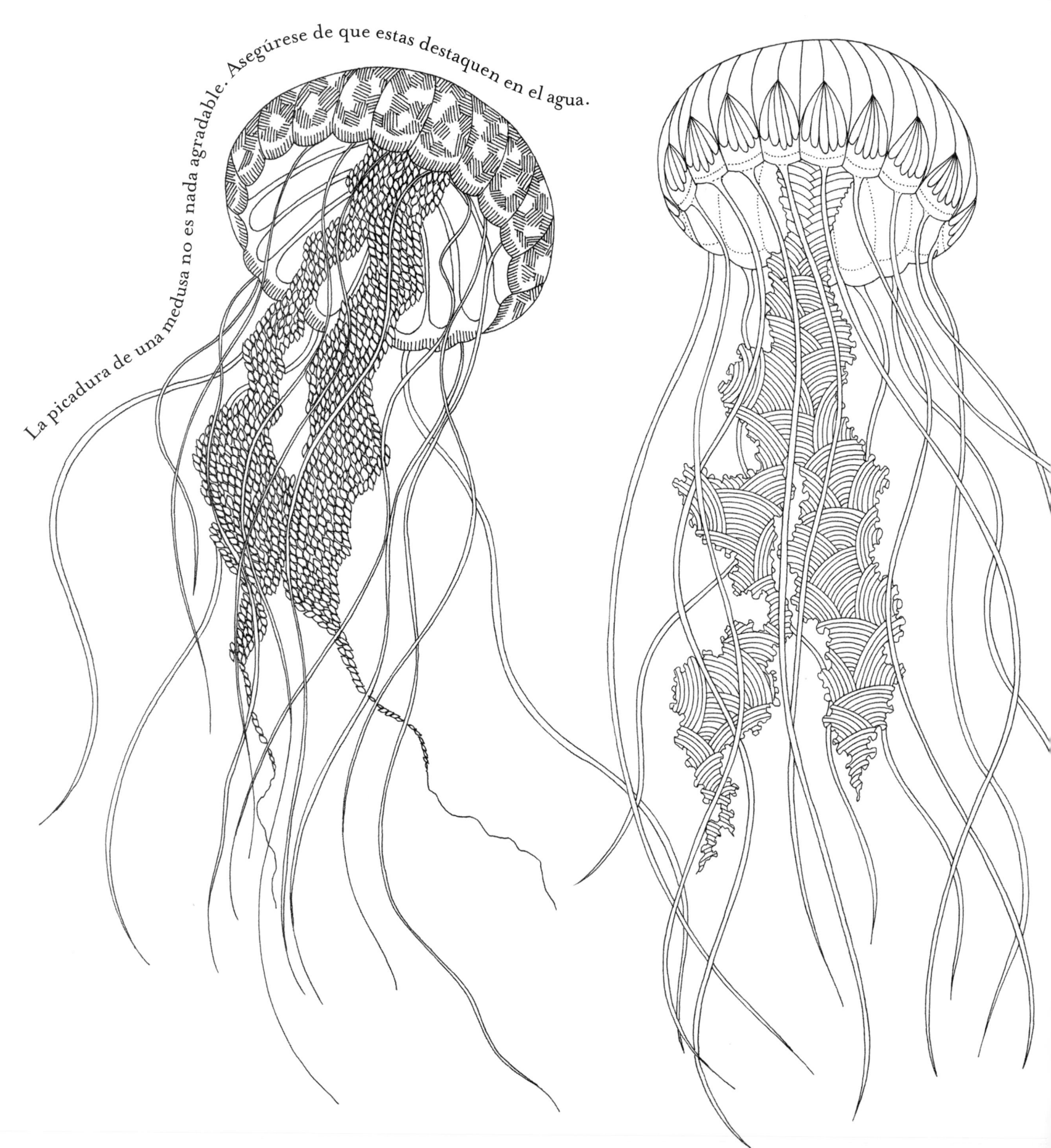

La picadura de una medusa no es nada agradable. Asegúrese de que estas destaquen en el agua.

Coloree estas preciosidades botánicas para que las abejas se sientan atraídas por el néctar

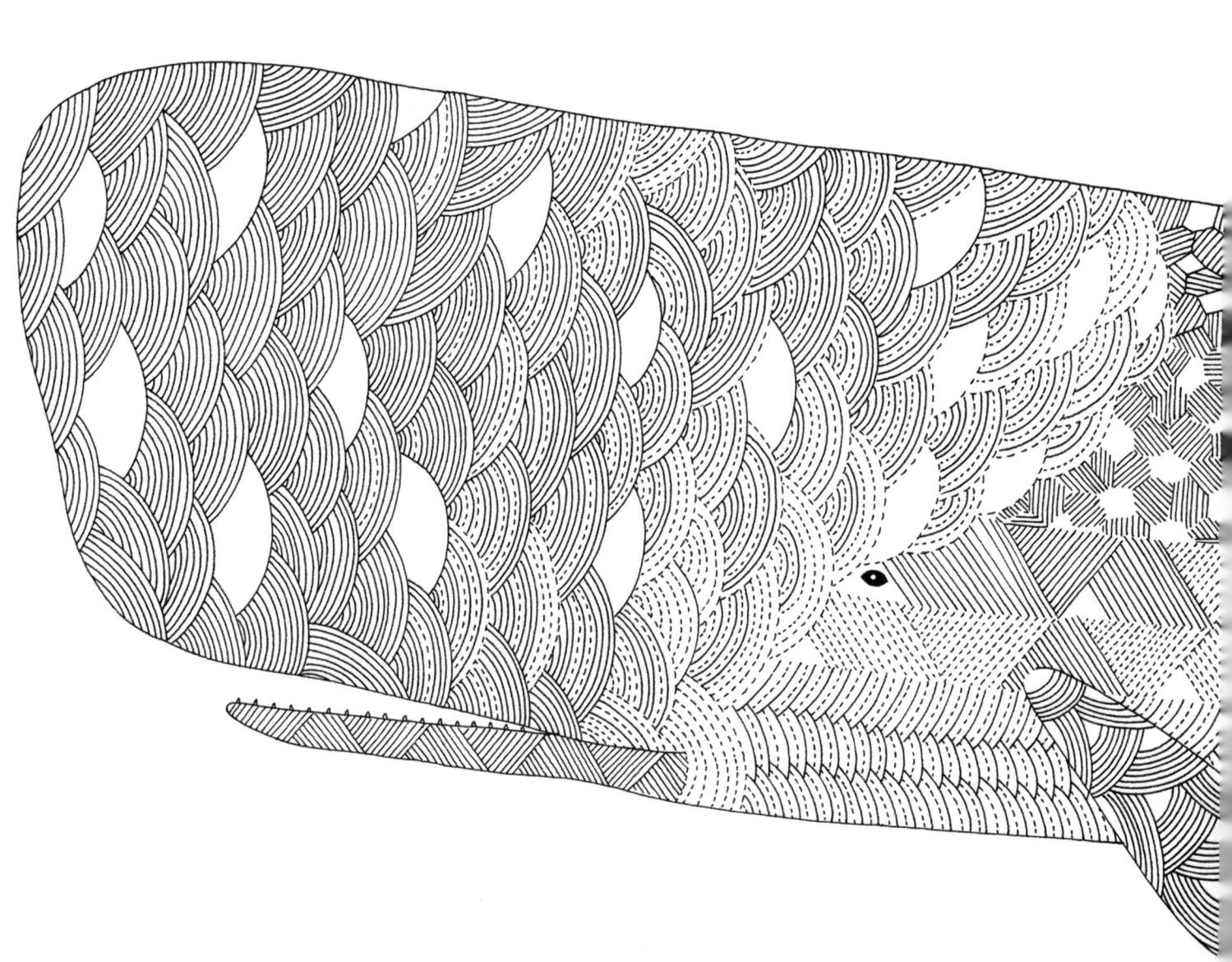

Utilice azules y verdes intensos para dibujar el hogar marino de este elegante gigante.

Al hipopótamo le encanta holgazanear en el barro. Aproveche la oportunidad para colorear este ejemplar.

El caracol vive en su caparazón. Ayúdele a decorar su hogar.

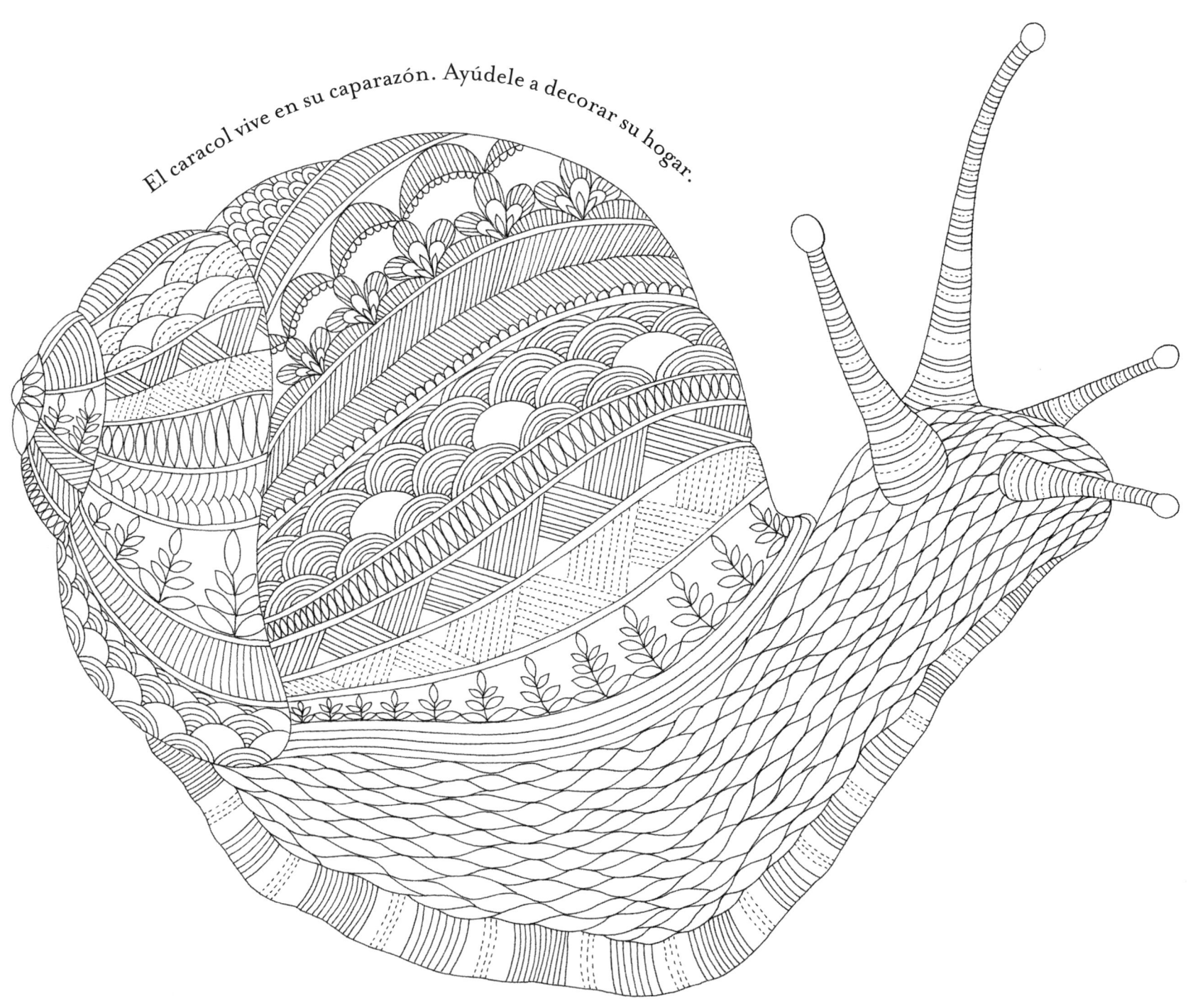

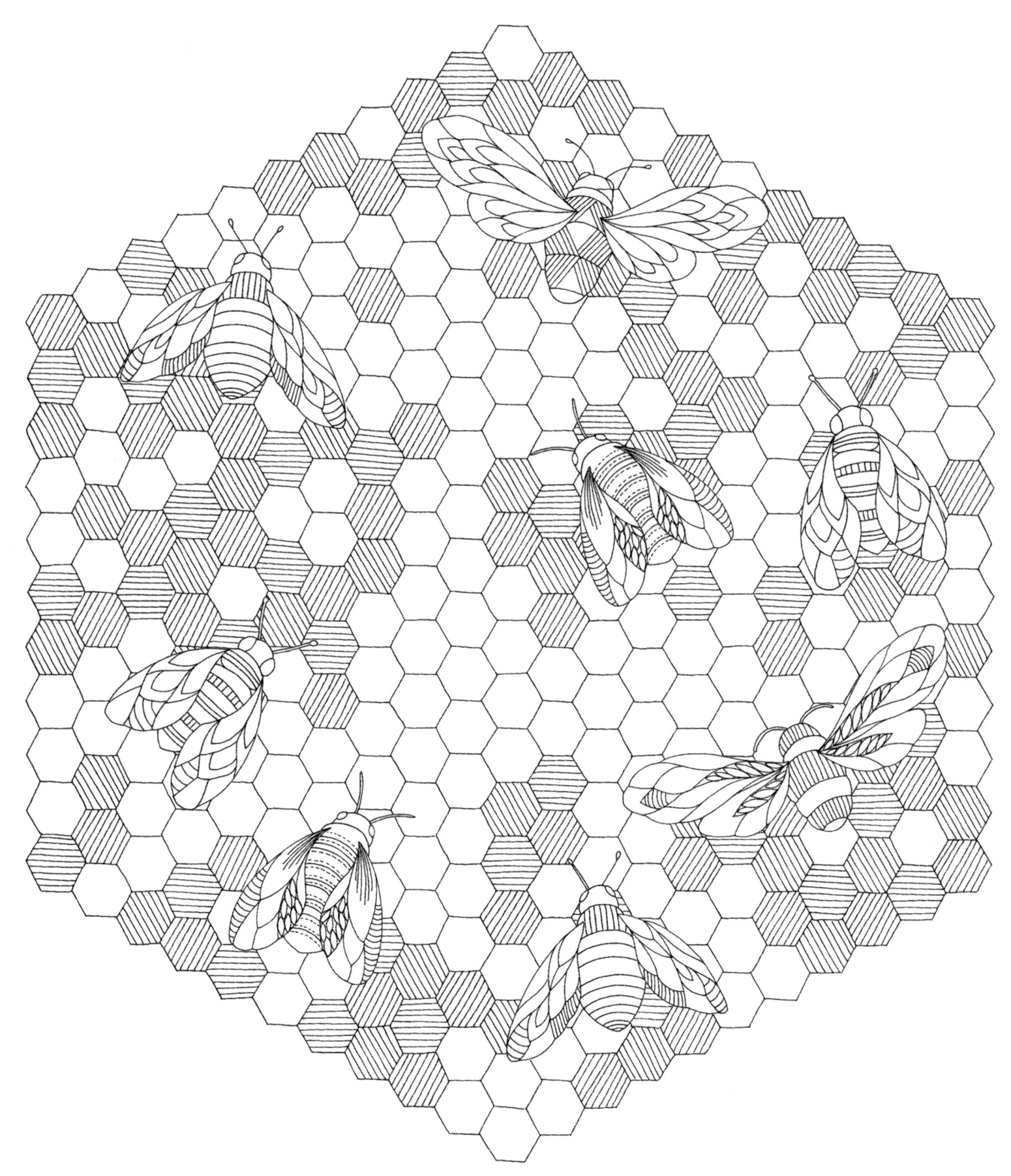

Decore el plumaje del flamenco con todos los colores posibles: rosa intenso, verde turquesa y morado, por ejemplo.

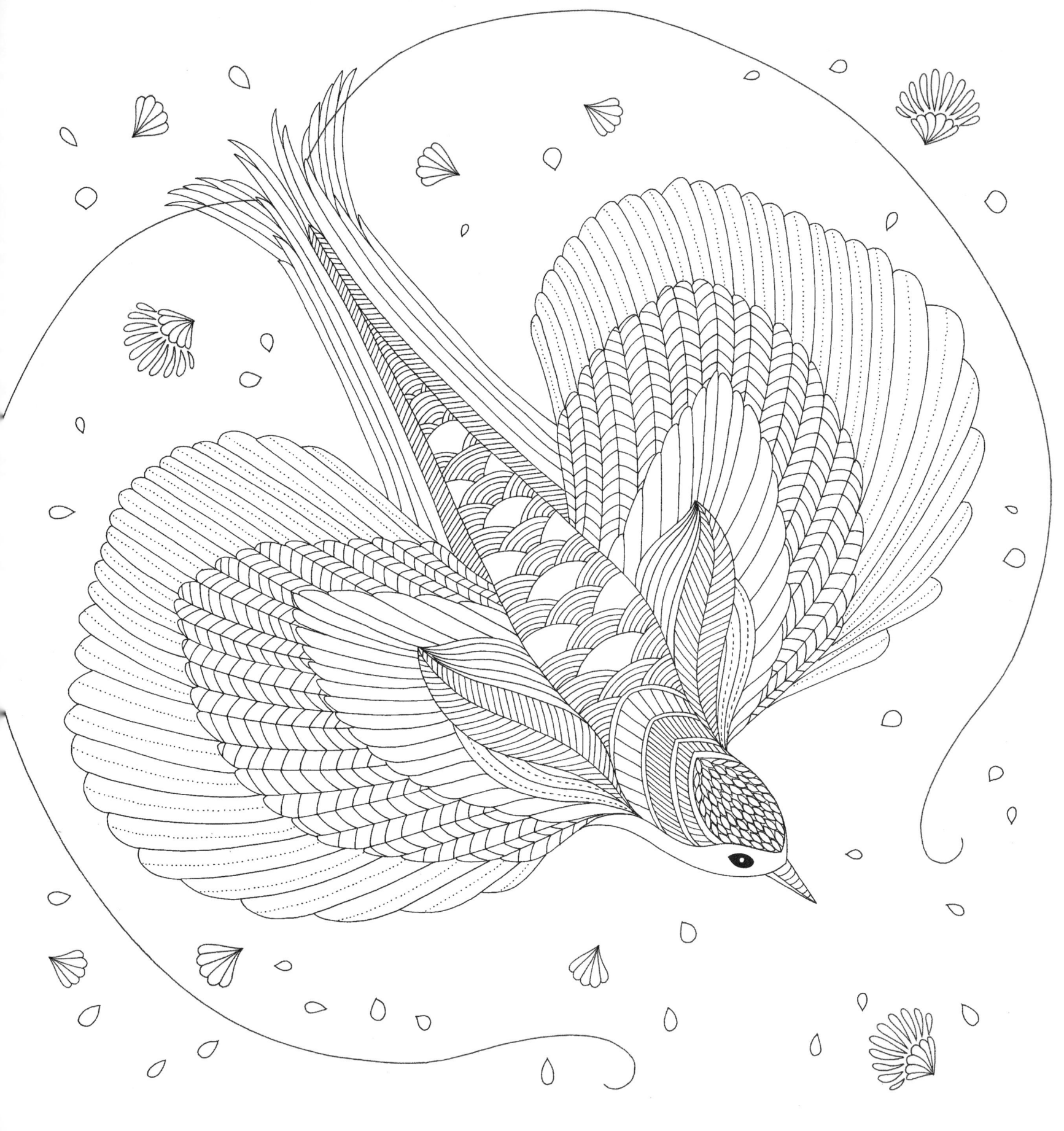

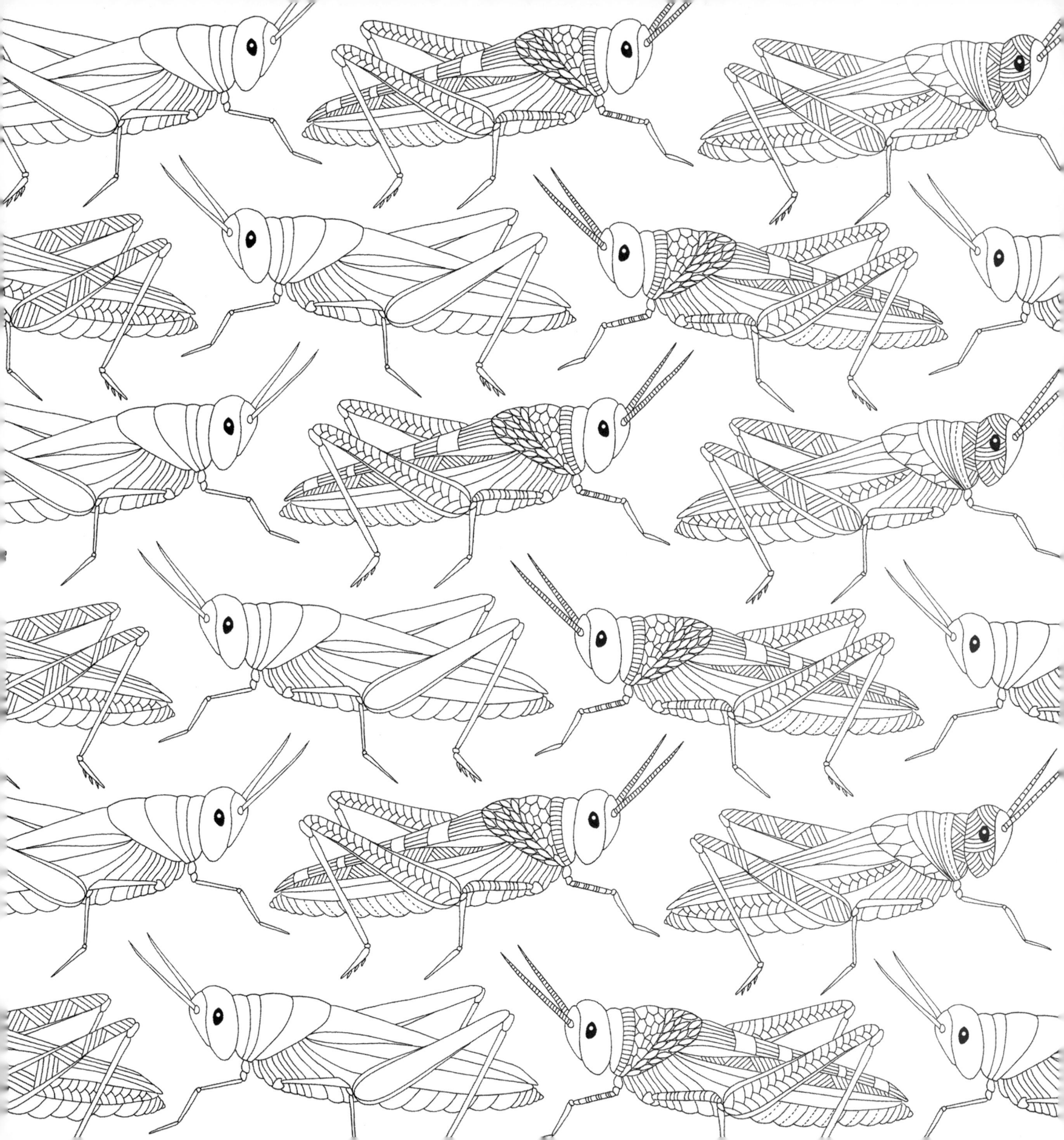

Pinte el follaje para nuestros amigos con alas.

Dibuje un fondo montañoso para este carnero.

Cree su propio reino animal…